BEI GRIN MACHT SICH IHR WISSEN BEZAHLT

- Wir veröffentlichen Ihre Hausarbeit, Bachelor- und Masterarbeit

- Ihr eigenes eBook und Buch - weltweit in allen wichtigen Shops

- Verdienen Sie an jedem Verkauf

Jetzt bei www.GRIN.com hochladen und kostenlos publizieren

Der ICIDH im Wandel

K. Schreib

Bibliografische Information der Deutschen Nationalbibliothek:

Die Deutsche Nationalbibliothek verzeichnet diese Publikation in der Deutschen Nationalbibliografie; detaillierte bibliografische Daten sind im Internet über http://dnb.d-nb.de abrufbar.

ISBN: 9783346814012
Dieses Buch ist auch als E-Book erhältlich.

© GRIN Publishing GmbH
Nymphenburger Straße 86
80636 München

Alle Rechte vorbehalten

Druck und Bindung: Books on Demand GmbH, Norderstedt Germany
Gedruckt auf säurefreiem Papier aus verantwortungsvollen Quellen

Das vorliegende Werk wurde sorgfältig erarbeitet. Dennoch übernehmen Autoren und Verlag für die Richtigkeit von Angaben, Hinweisen, Links und Ratschlägen sowie eventuelle Druckfehler keine Haftung.

Das Buch bei GRIN: https://www.grin.com/document/1319021

Rehabilitation und Teilhabe

Alternative A

SRH Fernhochschule

Modul:

Rehabilitation und Teilhabe – rechtliche Rahmenbedingungen

Themenkatalog: ab. 01.01.2023

Studiengang: B.A. Soziale Arbeit

Inhaltsverzeichnis

Abkürzungsverzeichnis

International Classification of Impairments, Disabilities and Handicaps	ICIDH
International Classification of Functioning Disability and Health	ICF
Weltgesundheitsorganisation	WHO
Union of the Physically Impaired Against Segregation	UPIAS
Grundgesetz	GG
Paragraph	§
Sozialgesetzbuch	SGB
Und vieles mehr	uvm.
Behindertengleichstellungsgesetz	BGG
Bundesteilhabegesetz	BTHG
Menschen mit Behinderung	MmB

Abbildungsverzeichnis

Einleitung

In dieser Einsendeaufgabe werden die Rehabilitation und Teilhabe von Menschen mit einer Behinderung thematisiert. Konkreter geht es um die verschiedenen Klassifikationen, deren Bedeutung und Weiterentwicklung.

Menschen mit einer Behinderung sind Menschen, die körperliche, seelische, geistige oder Sinnesbeeinträchtigungen haben. Diese Beeinträchtigungen stehen in Wechselwirkung mit den einstellungs- und umweltbedingten Barrieren an der gleichberechtigten Teilhabe der Gesellschaft, welche mit hoher Wahrscheinlichkeit länger als 6 Monate andauern. Deshalb erhalten Menschen mit Behinderung nach dem § 1 des SGB IX Leistungen, um ihre Selbstbestimmung wiederzuerlangen und die volle, wirksame und gleichberechtigte Teilhabe am Leben in der Gesellschaft zu fördern, Benachteiligungen zu vermeiden oder ihnen entgegenzuwirken.

Die folgenden beiden Aufgaben erörtern zwei Klassifikationen einer Behinderung und werden differenziert voneinander dargestellt. Die ICIDH beschäftigt sich mit den Folgen von Gesundheitsproblemen auf der Ebene der Schädigungen, der Beeinträchtigungen und den daraus resultierenden Folgen im Alltag (Wurm, o.J., Rz. 6).

Die ICF ist die, von der WHO verabschiedete, internationale Klassifikation der Funktionsfähigkeit, Behinderung und Gesundheit. Sie vertritt die Annahme, dass Menschen aufgrund chronischer Krankheiten behindert sein könnten (ICF-Hilfe, 2019).

Die dritte und letzte Aufgabe befasst sich mit dem Capability Approach. Konkreter geht es hierbei um einen theoretischen Ansatz, in dem die Gerechtigkeit und das würdevolle Leben eines jeden Menschen im Vordergrund stehen.

1. Das Modell des International Classification of Impairments, Disabilities and Handicaps

Im Folgenden wird das Modell des International Classification of Impairments, Disabilities and Handicaps beschrieben und erörtert.

Könnte der ICIDH eine allgemein anwendbare Norm für die Beschreibung und Klassifizierung von Behinderungen und Abweichungen sein?

Impairment bedeutet in das Deutsche übersetzt körperliche oder geistige Normabweichung. Diese führt zur disability, also zu einer Beeinträchtigung der persönlichen und sozialen Entwicklung. Diese beiden Abweichungen führen zu der Behinderung, dem Handicap eines Menschen (Horcher, o.J., S.23).

Im Jahr 1980

> „definierte die WHO die „Behinderung" im Modell der ICIDH in einem Dreiklang aus der Schädigung, Beeinträchtigung und der Behinderung. Dies kann als kausale Struktur gesehen werden" (Horcher & Proufas, 2020).

Eine Schädigung des Körpers oder Geistes vermindert die soziale sowie persönliche Weiterentwicklung eines Menschen und führt somit, laut der ICIDH, zu einer Behinderung. Die persönliche Beeinträchtigung führt zu einer sozialen Beeinträchtigung, und somit zu einer Teilhabebeschränkung (Horcher & Proufas, 2020).

Die Normabweichungen sind bezogen auf die Struktur des Körpers und die Organfunktionen. Diese Schädigungen sind erkennbar durch Störungen der biologischen oder psychischen Struktur, Mängel der anatomischen, psychischen und physiologischen Funktionen und der Strukturen des Körpers. Unter Körperfunktionen versteht man physiologische Funktionen von Körpersystemen, beispielsweise Sinnesfunktionen wie das Seh- oder Hörvermögen (Wurm, o.J., Rz. 7).

Durch diese Schädigung entsteht eine Beeinträchtigung für die betroffenen Personen. Damit sind die Störung der Fähigkeiten zur Ausführung zweckgebundener Handlung sowie Funktionsbeeinträchtigungen gemeint. Alltagssituationen sind nicht zu bewältigen und Aktivitäten können nichtmehr ausgeführt werden, welche für die breite Gesellschaft als „normal" erachtet werden. Ist eine Person beispielsweise blind und erhält keine Unterstützung durch einen Blindenhund oder einen Stock, wird diese Person nicht selbstständig einkaufen oder spazieren gehen können. Demnach ist sie bei der Ausführung von Alltagstätigkeiten eingeschränkt und auf Unterstützung von außen angewiesen (Wurm, o.J., Rz. 7).

Aus den Beeinträchtigungen heraus entstehen die Behinderungen der Menschen, welche die Teilhabe am Leben und der Gesellschaft behindern und teilweise unmöglich machen. Unter einer Behinderung versteht die ICIDH die „Störung der sozialen Stellung oder Rolle der benachteiligten Person." Die Fähigkeit zur Teilhabe am Leben der Gesellschaft ist nicht möglich (Wurm, o.J., Rz. 7).

Die ICIDH postulierte, dass Hinderungen auf kognitive und körperliche Störungen der Funktionen zurückzuführen sind. Von den Menschen mit Behinderung wird erwartet, sich anzupassen und ihre Beeinträchtigung so gut wie möglich zu meistern. Durch den medizinisch rehabilitativen Lösungsansatz werden Menschen mit Behinderung in eine abhängige Position gebracht. Abhängig sind Menschen mit Behinderung immer dann, wenn sie Unterstützung von der Gesellschaft oder außenstehenden Personen benötigen. Entgegen solcher Aussagen hat die UPIAS im Jahr 1976 eine gesellschaftliche Verursachung von Behinderung postuliert. Das bedeutet, die Gesellschaft behindert die Menschen mit einer körperlichen oder geistigen Schädigung. Dadurch entsteht Isolation und Ausgrenzung, die eine Teilhabe an der Gesellschaft verhindern. Waldschmidt fasst das wie folgt zusammen (Waldschmidt, 2005, S.16).

> „Menschen werden nicht auf Grund von gesundheitlichen Beeinträchtigungen behindert, sondern durch das soziale System, das Barrieren gegen ihre Partizipation errichtet"
> „Menschen werden nicht auf Grund von gesundheitlichen Beeinträchtigungen behindert, sondern durch das soziale System, das Barrieren gegen ihre Partizipation errichtet"
> (Waldschmidt, 2005, S. 18).

Wissenschaftler arbeiteten vier Kritikpunkte des Modells der ICIDH heraus und formulierten diese wie folgt:

Das Modell beruht auf einer medizinischen Definition und befasst sich daher nur wenig mit dem Begriff der Normalität.

Des Weiteren werden allein die Schädigungen als Ursache von Behinderungen, und damit der Nicht-Teilnahme an der Gesellschaft, angesehen.

Drittens bewirkt das Modell die Abhängigkeit von Menschen mit einer Behinderung und

viertens, verlangt die ICIDH mit ihren Ansichten von den Menschen, sich anzupassen und die Beeinträchtigungen zu meistern (Waldschmidt, 2005, S.16).

Das Modell der ICIDH bezieht sich sehr auf medizinisches Wissen und definiert die Einschränkungen der Menschen als negativ. Die reellen Auswirkungen der Krankheitsfolgen werden zu wenig berücksichtigt. Des Weiteren nimmt die ICIDH keine Rücksicht auf die umweltbedingten Faktoren, welche jeder Mensch bewältigen muss (Wurm, o.J., Rz. 7a).

Ein Beispiel hierfür wäre eine Person mit sehr geringem Sehvermögen. Die Unterstützung/Hilfeleistung bekommt die genannte Person durch ihre Brille. Mit dieser kann sie ihrem Alltag nachgehen, ihre Arbeit verrichten. Die kann sie alles ohne Beeinträchtigung erledigen. Geht die Brille jedoch kaputt und es gibt keine Ersatzbrille, so ist sie eingeschränkt und kann in Alltagssituationen nicht wie gewohnt handeln. So kommt es zu Barrieren, welche nicht durch Unterstützung von außen bewältigt werden können.

Somit weist das Modell der ICIDH keine ressourcenorientierte Sichtweise auf sondern geht in die negative Richtung, die der Defizitorientierung. Die ICIDH geht davon aus, dass eine Schädigung alle weiteren Beeinträchtigungen bedingt und kann daher als eindimensional betrachtet werden. Positive Ressourcen können kaum aufgeführt werden. Das Modell geht nicht auf weitere Faktoren, wie die der Umwelt oder der Gesellschaft ein. Innere und äußere Faktoren finden ebenfalls keine Berücksichtigung.

Aus diesem Grund wurde das Modell der ICIDH im Jahr 1993 revidiert. Im diesem Rahmen wird die ursprüngliche Klassifikation der „Folgen von Krankheit" zu einer Klassifikation der „Komponenten von Gesundheit" weiterentwickelt und kann somit einen neuen Blickwinkel einnehmen. Im Jahr 1997 kommt es zu einem Beta-1-Draft der ICIDH-2, welcher die Verbesserungsvorschläge des alten Drafts aufnimmt. Dieser wird anschließend für Feldversuche freigegeben (BfArM, 2022).

Die Ziele der ICIDH-2 sind die Verbesserung der Rehabilitation von Menschen mit Behinderungen durch eine einheitliche Sprache für die Beschreibung der Funktionsfähigkeit, sowie die Kommunikation zwischen den Fachkräften und den betroffenen Menschen. Des Weiteren bietet die ICIDH-2 eine wissenschaftliche Grundlage für das Verständnis von Zuständen der Funktionsfähigkeit, sowie deren praktischer Umsetzung. Es gibt verschiedene Definitionen des Begriffes der Rehabilitation, welche auf dem Modell der ICIDH beruhen (Hagelskamp, 2001, S. 1).

Eine der wichtigsten Aufgabe der Rehabilitation von Menschen ist die Wiederherstellung der Funktionsfähigkeit, unter Beachtung der Ressourcen und der Partizipation des betroffenen Menschen. Im Gegensatz zur ICIDH-1 befasst sich die zweite Version sowohl mit den Ressourcen als auch mit den Defiziten der betroffenen Personen und stellt somit eine Weiterentwicklung dar (Hagelskamp, 2001, S.1).

Nach Auswertung aller Feldversuche kommt es zu einem Beta-2-Draft, welcher erneut international getestet wird. Die folgenden Ergebnisse führen im Jahr 2000 zu einem Prefinal-Draft der ICIDH-2. Nächste Anpassungen folgen im Mai 2001 als Final Draft. Dieser liegt der Weltgesundheitsorganisation vor und wird als „International Classification of Functioning, Disability and Health" verabschiedet, der ICF (BfArM, 2022).

Folglich ist zu erkennen, dass der ICIDH eine allgemein anwendbare Norm für die Beschreibung und Klassifizierung von Behinderungen und Abweichungen war, gültig bis in das Jahr 1993. Mit Veränderung der Gesellschaft ergaben sich jedoch Kritikpunkte am Modell der ICIDH, wie bereits oben beschrieben. Dies führte zur Definition des Beta-2-Drafts, welcher sich gesellschaftlich ebenfalls wiederholte und zur ICF führte.

2. Die International Classification of Functioning Disability and Health

Thema der zweiten Aufgabe ist die Beschreibung und Erörterung des International Classification of Functioning Disability and Health.

Könnte die ICF eine allgemein anwendbare Norm für die Beschreibung und Klassifizierung von der Funktionsfähigkeit, Behinderung und Gesundheit sein?

Die ICF ist die, von der WHO verabschiedete, „internationale Klassifikation der Funktionsfähigkeit, Behinderung und Gesundheit". Sie wurde im Jahr 2001 auf der 54. Vollversammlung verabschiedet und soll eine international einheitliche Kommunikation zur Beschreibung des Gesundheitszustandes inklusive der damit zusammenhängenden Zustände beschreiben. Die ICF stellt die Weiterentwicklung der ICIDH aus dem Jahr 1980 dar. Sie beinhaltet ein umfassenderes Konzept der funktionalen Gesundheit als die vorherige Klassifikation der ICIDH (World Health Organization, 2005).

Die ICF fokussiert sich auf die Funktionsfähigkeit eines Menschen und damit zusammenhängend die Einbeziehung der Komponenten der Aktivität, Körperfunktion, Körperstruktur, Partizipation sowie personen- und umweltbezogenen Faktoren. Das Modell befasst sich mit den oben genannten Komponenten im Zusammenhang mit deren Wechselwirkungen im Rahmen eines bio-psycho-sozialen Modells. Aus diesem Grund wird die ICF auch als Wechselwirkungsmodell bezeichnet (World Health Organization, 2005).

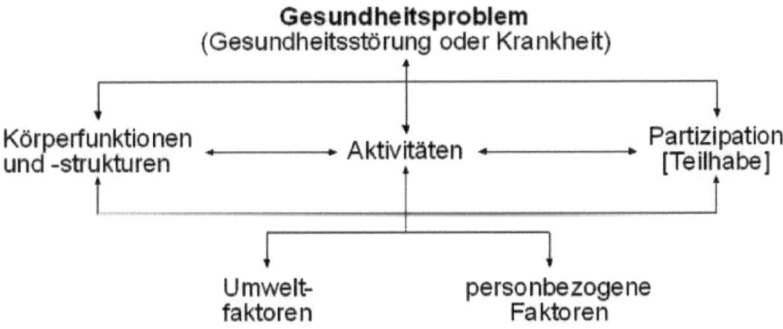

Abbildung 1 Wechselwirkungen zwischen den Komponenten der ICF (World Health Organization, 2005, file:///C:/Users/HP/AppData/Local/Temp/Rar$DIa8200.20074/icf-2005.pdf)

Die Körperfunktionen bezeichnen die physiologischen Funktionen des menschlichen Körpers. Die Körperstrukturen bezeichnen die Anatomie des Körpers. Dazu zählen die

9

Gliedmaßen und Organe. Die Aktivitäten sind die Handlungen einer Person, wie zum Beispiel das tägliche Kochen oder aufräumen der Wohnung. Die Partizipation bezeichnet die Teilhabe, das Eingebundensein in eine Lebenssituation oder den Situationsalltag. Ist eine dieser genannten Begriffe eingeschränkt, spricht man von einer Schädigung. Diese Schädigung kann das gesamte Leben eines Menschen betreffen, da die Komponenten miteinander zusammenhängen (Schuntermann, o.J. S.2).

Die ICF orientiert sich sowohl an den Ressourcen, als auch an den Defiziten einer Person. Sie greift Bereiche auf, in denen Behinderungen entstehen können, sowie positive und negative Bilder der Funktionsfähigkeit. Die Komponenten sowie Kontextfaktoren der ICF werden in der folgenden Abbildung näher definiert (DIMDI, 2005, S.17).

	Teil 1: Funktionsfähigkeit und Behinderung		Teil 2: Kontextfaktoren	
Komponenten	Körperfunktionen und -strukturen	Aktivitäten und Partizipation [Teilhabe]	Umweltfaktoren	personbezogene Faktoren
Domänen	Körperfunktionen, Körperstrukturen	Lebensbereiche (Aufgaben, Handlungen)	Äußere Einflüsse auf Funktionsfähigkeit und Behinderung	Innere Einflüsse auf Funktionsfähigkeit und Behinderung
Konstrukte	Veränderung in Körperfunktionen (physiologisch) Veränderung in Körperstrukturen (anatomisch)	Leistungsfähigkeit (Durchführung von Aufgaben in einer standardisierten Umwelt) Leistung (Durchführung von Aufgaben in der gegenwärtigen, tatsächlichen Umwelt)	fördernde oder beeinträchtigende Einflüsse von Merkmalen der materiellen, sozialen und einstellungsbezogenen Welt	Einflüsse von Merkmalen der Person
positiver Aspekt	Funktionale und strukturelle Integrität	Aktivitäten Partizipation [Teilhabe]	positiv wirkende Faktoren	nicht anwendbar
	Funktionsfähigkeit			
negativer Aspekt	Schädigung	Beeinträchtigung der Aktivität Beeinträchtigung der Partizipation [Teilhabe]	negativ wirkende Faktoren (Barrieren, Hindernisse)	nicht anwendbar
	Behinderung			

Abbildung 2 Überblick über die ICF (DIMDI, 2005, S.17, https://www.soziale-initiative.net/wp-content/uploads/2013/09/icf_endfassung-2005-10-01.pdf)

Ziel der ICF ist die weltweite Anwendbarkeit. Dies soll durch einen weltweit festgelegten Standard und einheitlicher Sprache gesichert und umgesetzt werden. Die verschiedenen Disziplinen sind die Gesundheit und den damit zusammenhängenden Bestandteilen des Wohlbefindens. Die WHO bietet ein breites Spektrum an verschiedener Informationen, wie Diagnosen, Inanspruchnahme der Gesundheitsversorgung uvm. An. Dabei wird in einheitlicher Sprache kommuniziert, um weltweit die Versorgung in den Disziplinen zu ermöglichen (DIMDI, 2005, S.9).

Gesundheitsprobleme hingegen werden hauptsächlich in der ICD-10 klassifiziert. ICD-10 ist eine Kurzbezeichnung für die internationale Klassifikation der Krankheiten in der 10. Revision. Die Funktionsfähigkeit und Behinderung, in Verbindung mit Gesundheitsproblemen werden in der ICF klassifiziert. Aus diesem Grund kann man die ICF und die ICD-10 zusammen verwenden. Die ICD-10 stellt die von den Ärzten festgestellten Erkrankungen zur Verwendung und diese werden durch die weiteren Informationen der ICF erweitert. Somit wird ein breites Bild über die Gesundheit eines Menschen aufgestellt. Durch diese Zusammenarbeit lassen sich weitere Entscheidungen über die Behandlung der betroffenen Personen treffen (DIMDI, 2005, S.9).

In der ICF werden verschiedene Gebiete systematisch eingruppiert. Die Klassifikation kann in bestimmte Prinzipien unterteilt werden. Diese beziehen sich auf die Hierarchie der Klassifikation und auf den Zusammenhang der verschiedenen Ebenen. Die Definition der Domänen ermöglicht den Einblick in Informationen, sowie zu den Ein- und Ausschlusskriterien für jede Domäne. Die ICF nutzt ein alphanumerisches System, welches zur Bezeichnung der Körperstrukturen und Funktionen, Aktivitäten und Partizipationen, sowie Umweltfaktoren verwendet wird. Hierfür gibt es verschiedene Buchstaben. Diese sind „b", „s", „d", „e". Jedem dieser Buchstaben folgt einem numerischen Kode, welcher mit einer Ziffer beginnt. Im Anschluss folgt die zweite Gliederungsebene, danach die dritte und vierte. Auf den Ebenen kann es zu mehreren Kodes kommen. Diese stehen entweder miteinander in Verbindung oder stehen unabhängig voneinander auf der Ebene. Die ICF-Kodes werden durch ein Beurteilungsmerkmal vervollständigt. Dieses gibt das Gesundheitsniveau der betroffenen Person an. Diese Merkmale werden mit einer Ziffer nach einem Punkt kodiert. Mithilfe des alphanumerischen Systems können die Beeinträchtigungen, sowie Ressourcen standardisiert erfasst werden und in verschiedenen Bereichen und Ländern kann damit gearbeitet werden (DIMDI, 2005, S. 26).

Gemäß des § 2 SGB IX sind Menschen mit Behinderung solche Menschen, die

> „in Wechselwirkung mit einstellungs- und umweltbedingten Barrieren an der gleichberechtigten Teilhabe an der Gesellschaft mit hoher Wahrscheinlichkeit länger als sechs Monate hindern können" „in Wechselwirkung mit einstellungs- und umweltbedingten Barrieren an der gleichberechtigten Teilhabe an der Gesellschaft mit hoher Wahrscheinlichkeit länger als sechs Monate hindern können" (SGB IX § 2, 2016/§2).

Behinderungen entstehen sowohl durch einstellungsbedingte Barrieren als auch durch umweltbedingte Barrieren. Ein wichtiges Ziel ist es, die Teilhabe am Leben der Gesellschaft zu sichern. Es gilt die Barrieren zu durchbrechen und neue Wege einzuschlagen. Ein Weg ist zum Beispiel das Benachteiligungsverbot für Beschäftigungsverhältnisse bei Trägern öffentlicher Gewalt. Der Umgang mit umweltbedingten Barrieren ist in den §4 und 6 BGG festgeschrieben. Um die Teilhabe am Leben der Gesellschaft zu ermöglichen, orientiert man sich an Lebensbereichen wie der Kommunikation, Mobilität, dem häuslichen Leben, am Lernen und der Wissensanwendung (Horcher, o.J., S.73-74).

Das BTHG ist ein Gesetz zur Stärkung der Teilhabe und Selbstbestimmung von Menschen mit Behinderung und verfolgt das Ziel, den individuellen Bedürfnissen entsprechend ein partizipiertes Leben zu ermöglichen (Bundesministerium für Arbeit und Soziales, 2020).

Die ICF wurde für verschiedene Anwendungsbereiche und Disziplinen entwickelt. Ihr Ziel ist das Verstehen des Gesundheitszustandes. Die standardisierte Sprache dient der weltweiten Beschreibung des Gesundheitszustandes, und verbessert die Kommunikation zwischen den beteiligten Parteien, einschließlich der Menschen mit Behinderung. Die ICF vergleicht Daten zwischen den verschiedenen Disziplinen, erörtert den Zeitverlauf zwischen Ländern und den Gesundheitsdiensten (DIMDI, 2005, S.11).

Ihre Anwendung findet die ICF als statistisches Instrument. Sie dokumentiert und erhebt die notwendigen Daten der Personen. Sie wird als Forschungsinstrument für die Messung von Umweltfaktoren, der Lebensqualität und Ergebnissen genutzt. Des Weiteren dient sie als Instrument in der gesundheitlichen Versorgung und für die Beurteilung des Bedarfs einer Person.

Die ICF dient als sozialpolitisches Instrument indem sie sich für Entschädigungssysteme einsetzt, sich mit der sozialen Sicherheit auseinandersetzt, diese auch plant, und bei der Politikumsetzung mitwirkt. Die ICF dokumentiert ein breites Wissensspektrum unterschiedlicher Daten und Informationen. Die Anwendungen enthalten die „Rahmenbedingungen für die Herstellung der Chancengleichheit von Menschen mit Behinderungen" (DIMDI, 2005, S.11).

Das SGB IX, Rehabilitation und Teilhabe behinderter Menschen, hat die wichtigsten Gesichtspunkte der ICF aufgenommen. Der § 1, Selbstbestimmung und Teilhabe am Leben in der Gesellschaft besagt:

> „Menschen mit Behinderungen oder von Behinderung bedrohte Menschen erhalten Leistungen nach diesem Buch und den für die Rehabilitationsträger geltenden Leistungsgesetzen, um ihre Selbstbestimmung und ihre volle, wirksame und gleichberechtigte

Teilhabe am Leben in der Gesellschaft zu fördern, Benachteiligungen zu vermeiden oder ihnen entgegenzuwirken" (SGB IX §1, 2016/§1).

Somit wird deutlich, dass die ICF eine anwendbare Norm für die Beschreibung und Klassifizierung der Funktionsfähigkeit, Behinderung und Gesundheit ist und seit dem Jahr 2001 ihre Gültigkeit besitzt.

3. Der Capability Approach

Die dritte Aufgabe beinhaltet den Ansatz und das Grundverständnis des Capability Approachs. Des Weiteren geht es um die Gefahr, welche diesem Ansatz inne wohnt.

Könnte der Capability Approach das selbstbestimmte Leben von Menschen mit Behinderung ermöglichen?

Der Capability Approach nach Nussbaum bedeutet übersetzt Fähigkeitskonzept und ist eine Theorie der Gerechtigkeit. Er verfolgt das Ziel, den Menschen ein würdevolles Leben zu ermöglichen. Dies gelingt durch individuelle Hilfeleistungen bezogen auf die bereits vorhandenen Fähigkeiten der betroffenen Person. Die Fähigkeiten werden mit den persönlichen Lebensbestimmungen verknüpft, um das individuelle Ziel der Person zu erreichen (Wiebe, 2021, Absatz 1).

Die Methoden des Capability Approachs sind das Ernstnehmen der betroffenen Personen. Diese kennen ihr eigenes Leben und ihre Ziele am besten und werden daher als Expert/innen ihres Lebens bezeichnet. Die Fachkräfte, die Sozialarbeiter*innen nehmen sowohl die befähigende als auch die helfende und begleitende Rolle im Gesamtprozess der Person ein. Der Capability Approach bezieht sich auf die Selbstbestimmt-Leben-Bewegung und das Fachkonzept der Lebensweltorientierung. Er befasst sich mit Themen der Lebenswelt und dem Alltag der betroffenen Personen, sowie der „Teilhabe als Aspekt partizipatorischer Demokratie" (Horcher, o.J., S.26-27).

Der Ansatz versucht gerechte Lebensverhältnisse für alle Menschen zu schaffen. Auf politischer Ebene sind die Ziele die Veränderung der gesellschaftlichen Verhältnisse in Bezug auf die Menschen mit Behinderung und die Gesellschaft und die Veränderung des Verhaltens von Menschen mit Behinderung (Horcher, o.J., S.27).

Capability Approach

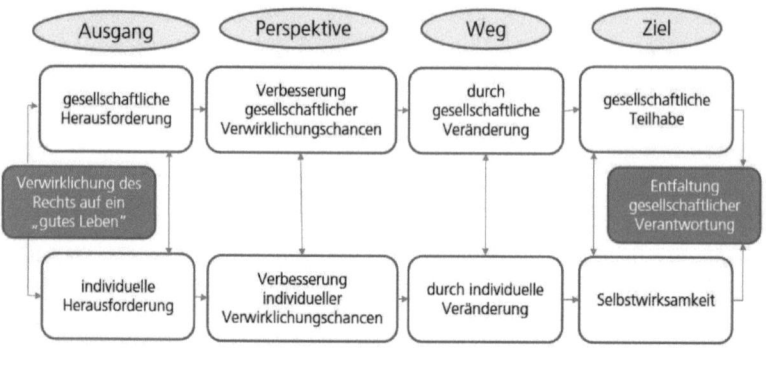

Abbildung 3 Der Capability Approach (Horcher, o.J., S.28, https://mu-campus.de/pluginfile.php/87250/mod_resource/content/3/Rehabilitation_Teilhabe_3.pdf)

Die Wurzeln des Capability Approachs reichen bis nach Indien. Seit dem Jahr 1986 entwickelt M. Nussbaum in Zusammenarbeit mit A. Sen den Capability Approach weiter. Dieser basiert auf den politischen Theorien von J. Rawls sowie auf der Tugendlehre des Aristoteles. Das Ziel ist es, herauszufinden, was für ein, der menschlichen Würde angemessenes Leben,- notwendig ist. Die Grundlage dieses Ansatzes bilden die kombinierten, grundlegenden und internen Ressourcen des Menschen (Wiebe, 2021, Absatz 1).

Basic Capabilities – Internal Capabilities + economic/political/social Capabilities = Combined Capabilities

Abbildung 4 Capability Approach in Anlehnung an M. Nussbaum, https://ellie-smolenaars.net/2020/05/26/martha-nussbaum-zehn-menschliche-fahigkeiten/

Die grundlegenden Fähigkeiten sind der Grundbaustein für die internen Fähigkeiten. Diese sind in Kombination mit den wirtschaftlichen, politischen und gesellschaftlichen Bedingungen, Freiheiten, welche erlebt werden können und damit zu einem würdevollen Leben beitragen. Um die soziale Gerechtigkeit der Gesellschaft zu konkretisieren ist diese Frage von Bedeutung: „Was ist eine jede Person wirklich befähigt zu tun und zu sein" (Wiebe, 2021, Absatz 2)?

Somit verfolgt der Ansatz das Ziel, das individuelle Wohlergehen der einzelnen Personen zu berücksichtigen und sich nicht ausschließlich auf das Allgemeinwohl der Gesellschaft zu fokussieren. Die Würde des Menschen ist eine wichtige Grundlage des Capability Approachs. Jeder Mensch verdient menschenwürdige Lebensbedingungen (Wiebe, 2021, Absatz 2).

Gemäß Art. 1 GG

> (1) „ist die Würde des Menschen unantastbar. Sie zu achten und zu schützen ist Verpflichtung aller staatlichen Gewalt" (GG Art. 1).

Ein Mensch, der aufgrund seiner Behinderung eine Fähigkeit nicht ausüben kann, gilt nicht als würdelos. Eine Verletzung der Würde besteht, wenn Fähigkeiten ungleich in der Gesellschaft verteilt werden. Der Capability Approach ist als theoretischer Rahmen anzusehen, welcher zwei wesentliche normative Ansprüche beinhaltet. Die Freiheit zum Wohlergehen des Menschen wird als moralischer Wert angesehen. Diese Freiheit wird in Bezug zu den menschlichen Fähigkeiten gesetzt. Somit gilt der Capability Approach als Rahmenkonzept für unterschiedliche normative Ausübungen. Die häufigsten Ausübungen sind:

- Die Bewertung des individuellen Wohlbefindens
- Die Evaluierung und Beurteilung der Gesellschaftsordnung
- Die Gestaltung von Richtlinien und Vorschläge zum sozialen Wandel in der Gesellschaft

Nussbaum spricht in ihrem Ansatz von Capabilities. Demzufolge sind es mehrere Fähigkeiten, die ein Mensch aufweisen soll, um ein menschenwürdiges Leben führen zu können. Die 10 Fähigkeiten lauten wie folgt:

1. Leben
2. Körperliche Gesundheit
3. Körperliche Integrität
4. Sinneswahrnehmungen, Vorstellungsvermögen und Gedanken
5. Emotionen
6. Praktische Vernunft
7. Zugehörigkeit
8. Andere Lebewesen
9. Spielen
10. Kontrolle über die Umgebung

Die 10 Capabilities besagen, dass jeder Mensch die Möglichkeit erhalten muss, sein Leben in normaler Länge zu leben. Um dies zu erreichen, muss der Mensch medizinisch versorgt sein und vor Gewalt geschützt werden. Außerdem muss gewährleistet werden, dass er ausreichend mobil ist. Ist dies nicht möglich, müssen Unterstützungshilfen, wie Rollstühle oder Transporte zur Verfügung stehen. Die vierte Fähigkeit beinhaltet die zugängliche Bildung für jeden Menschen. Jeder Mensch soll im Rahmen seiner Möglichkeiten Bildung erhalten, um seinen Verstand eigenständig nutzen zu können. Die Rede-, Religions- und Meinungsfreiheit muss gewährleistet werden. Emotion besagt, dass jeder Mensch seine Gefühle ausleben darf und diese, bei Bedarf, durch Unterstützung bearbeiten und bewältigen kann. Indem das eigene Handeln reflektiert und geplant wird, kann sich jeder Mensch ein gutes Leben selbst erschaffen. Der siebte Punkt meint die Zugehörigkeit. Jeder Mensch soll im Stande sein, mit anderen zusammenzuleben und an sozialen Interaktionen teil zu haben. Außerdem soll jeder Mensch im Stande sein, mit anderen Lebewesen zu leben und für diese zu sorgen. Die Kontrolle über die Umgebung ist insofern wichtig, da der Mensch Teil der Gesellschaft ist und am Leben teilnimmt (Nussbaum, 2009).

Doch wer entscheidet, was gerecht und menschenwürdig ist? Die Gerechtigkeit ist ein subjektives Konstrukt, welches für jede Person individuell ist. Die Kritik von Wolff und De-Shalit meinen, der Fokus soll nicht auf der Sprache der Gerechtigkeit gelegt werden, sondern zu welchem Ausmaß die einzelnen Personen in der Lage sind, Beiträge in der Gesellschaft zu leisten und an ihr zu partizipieren. Robeyns äußert eine weitere Kritik an dem Capability Approach von Nussbaum. Er kritisiert die Allgemeinheit des Modells. Es lässt sich dieselbe Frage unterschiedlich mit dem Modell beantworten. Eine Lösung seinerseits wäre die vorige Feststellung der Nutzung des Capability Approach (Wiebe, 2021, Absatz 6).

Des Weiteren wird der Ansatz von Nathschläger kritisiert, da er nicht kultursensibel sei. Jede Kultur vertritt unterschiedliche Werte und Normen, verschiedene Lebensvorstellungen und Ansichten. Der Ursprung des Ansatzes liegt im Westen. Jedoch kann Nussbaum diesen Kritikpunkt widerlegen, da die Entstehung der Arbeit einer internationalen Forschergruppe zugrunde liegt. Des Weiteren soll der Capability Approach eine Orientierungshilfe für jede Kultur sein, gerade weil diese so unterschiedlich sind und auch ihr Ansatz verschieden gedeutet werden kann. Die Menschenwürde liegt diesem Ansatz zugrunde. Dieser soll einen Rahmen eröffnen, in dem sich jede Kultur wiederfinden kann (Wiebe, 2021, Absatz 6).

Ein weiterer Kritikpunkt am Capability Approach ist die Gefahr des Paternalismus. Der Begriff Paternalismus leitet sich aus dem lateinischen von Vater ab, welcher für seine Kinder die Entscheidungen trifft. Diese Entscheidungen trifft der Vater/die Bezugsperson im vermeintlichen Interesse des Kindes. Das Prinzip zielt auf das Wohlbefinden anderer Menschen ab, ohne jedoch um deren Erlaubnis zu bitten. Man bezeichnet den Paternalismus als „die Fürsorglichkeit in Beziehungen", welche sich jedoch aufgrund rechtlicher Kompetenz, physischer Macht, Einflussnahme uvm. Nicht deckungsgleich verhalten (Hilpert, 2022, Absatz 1).

Die Ursache entsteht aus der Nützlichkeitserwägung der Menschen mit Behinderungen. Untersucht wird, inwieweit die Menschen mit Behinderungen gewinnbringend für die Wirtschaft und die Gesellschaft sind. Eine Gegenmaßnahme dieser Kritik ist die Optimierung und Maximierung der Teilhabemöglichkeiten. Die Probleme der betroffenen Menschen müssen bestimmt werden, um eine mögliche Auswahl an Maßnahmen treffen zu können. Partizipation für Menschen mit Behinderungen entsteht erst dann, wenn sie mitbestimmen können, eine Entscheidungskompetenz aufweisen und diese somit treffen können. Selbstorganisation geht über die Partizipation hinaus und sollte als oberstes Ziel gesetzt werden. Die Instrumentalisierung oder das Geben von Anweisungen ist keine Partizipation (Horcher, o.J., S. 29-33).

Der Capability Approach kann auf verschiedene Bereiche angewendet werden. Diese werden in Kürze dargestellt:

Philosophisch:

Der Befähigungsansatz, besonders ausgearbeitet von Amartya Kumar Sen und Martha Nussbaum, kann als eine Konzeption menschlichen Wohlergehens verstanden werden.

Der Fokus liegt hierbei auf den entwicklungspolitischen und entwicklungsökonomischen Fragestellungen. Das menschliche Wohlbefinden setzt sich auch aus den eigenen Ressourcen und den Funktionsweisen zusammen. Das individuelle Wohlergehen der Menschen mit Behinderung steht im Vordergrund (Otto & Ziegler, 2022, Abschnitt 1).

Wirtschaftswissenschaftlich:

In der Wirtschaftswissenschaft dient der Ansatz der Darstellung und Messung des gesellschaftlichen Wohlstandes. Der Ursprungsgedanke des Capability Approachs ist die Messung der Verwirklichkeitschancen der Menschen. Dadurch lässt sich der Wohlstand der Gesellschaft erörtern. Somit fällt die eindimensionale Messung anhand des Einkommens weg und der Fokus richtet sich mehr auf die Fähigkeiten der Menschen. Für ein gutes Leben bedarf es nicht nur an materiellen Ressourcen, sondern auch der Befähigung, sein eigenes Leben gemäß den eigenen Präferenzen zu gestalten (Otto & Ziegler, 2022, Abschnitt 2).

<u>Sozialethisch:</u>

Sozialethisch kann man zwischen der Eigenverantwortungs-, Humanitäts-, Wesensnatur-, und der Flourishing Rezeption unterscheiden. Die Humanitäts-Rezeption beschreibt, wie Martha Nussbaum, die Fähigkeiten des Menschen und das menschenwürdige Leben. Die Menschen mit Behinderung sollen befähigt werden, ein gelingendes Leben zu führen. Durch Bildung werden neue Wege erschlossen, in denen die Vorstellungen eines gelingenden Lebens realisiert werden können. Dazu gehören die Kommunikation, die Integration in den Arbeitsmarkt und die Teilhabe am Leben der Gesellschaft.

Der Schwerpunkt des Capability Approachs liegt auf der sozialethischen Anwendung von Nussbaum. Weniger Anwendung finden die Bezüge von Sen (Otto & Ziegler, 2022, Abschnitt 3).

<u>Pädagogisch:</u>

Der Capability Approach stellt die Grundmauern eines „guten Lebens" und einer gelingenden Lebensführung dar. Mit ihm werden ein Personenkonzept sowie ein Verfahrensfokus nahegelegt. Hervorgehoben werden im Capability Approach die Bedingungen des guten Lebens. Diese sind die Aspekte der Autonomie und der Freiheit. Die wesentlichen Fähigkeiten sind die tatsächlich bestehenden Möglichkeiten, eigene Perspektiven und Bedürfnisse einbringen zu können und zu beeinflussen (Otto & Ziegler, 2022, Abschnitt 4).

Der Capability Approach geht besonders auf die Autonomie und Selbstbestimmung der Adressat/innen ein. Wichtig hierbei ist die Berücksichtigung der Ressourcen und Wünsche der Menschen, um eine Form des Paternalismus zu verhindern. Real umsetzbare Hilfeleistungen sind von besonderer Bedeutung, da sie zu einem selbstbestimmteren Leben führen. Die Menschen haben nur eingeschränkt Mittel und Wege zur Verfügung, weshalb der Capability Approach die Politik in der Pflicht sieht. Durch die Verteilung der Ressourcen durch die Politik und unterstützend durch Akteure der sozialen Arbeit und weiterer Träger kann ein gutes, menschliches Leben gewährleistet werden (Yang, 2018, S. 6).

Somit wird deutlich, dass der Capability Approach ein guter Ansatz für ein selbstbestimmtes Leben ist, die Menschen mit Behinderungen jedoch, mit Unterstützung, für sich einstehen müssen, um selbstbestimmter leben zu können. Der Ansatz bietet eine Hilfeleistungen für diejenigen, die ein „besseres Leben" führen wollen.

Literaturverzeichnis

BfArM. (2022). *Historie.* Bundesinstitut für Arzneimittel und Medizinprodukte. https://www.dimdi.de/dynamic/de/klassifikationen/icf/historie/

Bundesministerium für Arbeit und Soziales. (2020). *Bundesteilhabegesetz: Inhalte und Ziele des Gesetzes.* https://www.gemeinsam-einfach-machen.de/GEM/DE/AS/Umsetzung_BTHG/Gesetz_BTHG/Gesetz_node.html

GG Art. 1 Art. 1). https://www.gesetze-im-internet.de/gg/art_1.html

SGB IX § 2 (2016 & i.d.F.v. §2). https://www.gesetze-im-internet.de/sgb_9_2018/__2.html

SGB IX §1 (2016 & i.d.F.v. §1). https://www.gesetze-im-internet.de/sgb_9_2018/__1.html

DIMDI. (2005). *Internationale Klassifikation der Funktionsfähigkeit, behinderung und Gesundheit.* World Health Organization. https://www.soziale-initiative.net/wp-content/uploads/2013/09/icf_endfassung-2005-10-01.pdf

Hagelskamp, J. (2001). *Behinderungsbegriff der WHO- Entwurf ICIDH-2.* http://infothek.paritaet.org/archive/a_fachinfos.nsf/0/ddcb19e539b938f8c1257876004 ec6b3/$FILE/ICIDH2-Kurz.pdf

Hilpert, K. (2022). *Paternalismus.* https://www.staatslexikon-online.de/Lexikon/Paternalismus

Horcher, G. (o.J.). *Rehabilitation und Teilhabe: Rechtliche Grundlagen* [Präsentation]. SRH, Riedlingen. https://mu-campus.de/pluginfile.php/87250/mod_resource/content/3/Rehabilitation_Teilhabe_3.pdf

Horcher, G. & Proufas, N. (2020). *Recht der Rehabilitation und Teilhabe* [Studienbrief]. SRH, Riedlingen. file:///C:/Users/HP/Documents/Rechtliche%20Rahmbenbedingungen%20Reha%20und%20Teilhabe/1445_INT.pdf

ICF-Hilfe. (2019). *Die ICF.* https://www.icf-hilfe.de/was-ist-die-icf/

Nussbaum, M. (2009). Die zehn menschlichen Fähigkeiten. *HUMAN.* https://ellie-smolenaars.net/2020/05/26/martha-nussbaum-zehn-menschliche-fahigkeiten/

Otto, H. & Ziegler, Z. (2022). *Capability Approach.* https://www.staatslexikon-online.de/Lexikon/Capability_Approach

Schuntermann, M. (o.J.). *1 Die Internationale Klassifikation der Funktionsfähigkeit, Behinderung und Gesundheit (ICF) der Weltgesundheitsorganisation (WHO).* file:///C:/Users/HP/Downloads/icf_kurzeinfuehrung.pdf

Waldschmidt, A. (2005). Disability Studies: individuelles, soziales und/oder kulturelles Modell von Behinderung? https://www.ssoar.info/ssoar/bitstream/handle/document/1877/ssoar-psychges-2005-1-waldschmidt-disability_studies_individuelles.pdf?sequence=1&isAllowed=y&lnkname=ssoar-psychges-2005-1-waldschmidt-disability_studies_individuelles.pdf

Wiebe, L. (2021). *Capability Approach.* socialnet Lexikon. https://www.socialnet.de/lexikon/Capability-Approach#quelle_ref

World Health Organization. (2005). *Internationale Klassifiaktion der Funktionsfähigkeit, Behinderung und Gesundheit.* file:///C:/Users/HP/AppData/Local/Temp/Rar$DIa8200.20074/icf-2005.pdf

Wurm, S. (o.J.). *ICIDH* [Kommentar aus Haufe Personal Office Platin]. Personal Magazin. https://www.haufe.de/personal/haufe-personal-office-platin/schell-sgbix-2-begriffsbestimmungen-24-icidh_idesk_PI42323_HI2603565.html

Yang, A. (2018). *Verwirklichungschancen in der beruflichen Integration.* https://irf.fhnw.ch/bitstream/handle/11654/26835/Yang_Anna_2018_BA_FHNW.pdf?sequence=1